Ulrich Renz · Barbara Brinkmann

Que duermas bien, pequeño lobo

Lala salama, mbwa mwitu mdogo

Traducción:

Anneli Landmesser (español)

George Aclay Makasi (swahili)

Audiolibro y vídeo:

www.sefa-bilingual.com/bonus

Acceso gratuito con la contraseña:

español: **LWES1428**

swahili: **LWSW2832**

wa-zuri	w-ema	wa	wa			upi	
m-zuri	mw-ema	u-	wa	wangu	-o	upi	minga
mi-zuri	my-ema	i-	ya	yangu	-yo	ipi	
zuri	jema	li-	la	langu	-lo	lipi	
mazuri	mema	ya-	ya	yangu	-yo	yapi	manga
kizuri	chema	ki-	cha	changu	-cho	kipi	
vizuri	vyema	vi-	vya	vyangu	-vyo	vipi***	vinga
nzuri	nyema	i-	ya	yangu	-yo	ipi	
nzuri	nyema	zi-	za	zangu	-zo	zipi	ngap
mzuri	mwema	u-	wa	wangu	-o	upi	
mzuri	mwema	u-	wa	wangu	-o	upi	
kuzuri	kwema	ku-	kwa	kwangu	-ko	kupi	kunp
pazuri	pema	pa-	pa	pangu	-po	wapi****	pan
pazuri	pema	pa-		kwangu	-ko	kupi	ku

Los que están estudiando swahili ...

... encontrarán tablas gramaticales útiles en el apéndice.

Disfruta de aprender este maravilloso idioma!

¡Buenas noches Tim! Seguiremos buscando mañana.

Ahora ¡que duermas bien!

Usiku mwema, Tim! Tutaendelea kutafuta tena kesho.

Sasa lala salama!

Afuera ya ha oscurecido.

Kwa sasa usiku umeingia.

¿Qué está haciendo Tim ahí?

Tim anafanya nini pale?

Se está yendo al parque infantil.

¿Qué está buscando ahí?

Anaondoka kwenda kiwanjani kucheza.

Anatafuta nini pale?

¡El pequeño lobo!

No puede dormir sin él.

Mbwa mwitu mdogo!

Hawezi kulala bila yeye.

¿Quién viene ahí?

Sasa anakuja nani?

¡Marie! Está buscando su pelota.

Marie! Anatafuta mpira wake.

¿Y qué está buscando Tobi?

Na Tobi, naye anatafuta nini?

Su excavadora.

Mashine yake inayochimbua.

¿Y qué está buscando Nala?

Naye Nala, anatafuta kitu gani?

Su muñeca.

Mwanasesere wake.

¿No tienen que ir a dormir los niños?

El gato se sorprende mucho.

Hivi watoto hawahitaji kwenda kulala sasa?

Paka anashangazwa sana.

¿Quién viene ahora?

Nani anayekuja sasa?

¡La mamá y el papá de Tim!
Ellos no pueden dormir sin su Tim.

Ni mama na baba yake Tim.
Hawawezi kulala bila Tim wao.

¡Y ahí vienen aún más! El papá de Marie.

El abuelo de Tobi. Y la mamá de Nala.

Wengine wanaendelea kuja! Baba wa Marie.

Babu wa Tobi. Na mama yake Nala.

¡Ahora rápido a la cama!

Sasa haraka mkalale!

¡Buenas noches Tim!

Mañana ya no tendremos que buscar más.

Usiku mwema, Tim!

Hatutahitaji kutafuta tena zaidi.

¡Que duermas bien, pequeño lobo!

Lala salama, mbwa mwitu mdogo!

Los autores

Ulrich Renz nació en 1960 en Stuttgart (Alemania). Después de estudiar literatura francesa en París, se graduó en la facultad de medicina de Lübeck y trabajó como director de una editorial científica. Hoy en día trabaja como publicista autónomo y, además de escribir libros de divulgación científica, escribe cuentos y libros infantiles.

www.ulrichrenz.de

Barbara Brinkmann nació en 1969 en Munich (Alemania) y creció en los Prealpes Bavareses. Estudió arquitectura en Munich y actualmente es investigadora asociada en la Facultad de Arquitectura de la Universidad Técnica de Munich. Además, trabaja como diseñadora gráfica, ilustradora y autora independiente.

www.bcbrinkmann.de

¿Te gusta pintar?

Aquí encontrarás las ilustraciones de la historia para colorear:

www.sefa-bilingual.com/coloring

¡Diviértete!

Los cisnes salvajes

Basado en un cuento de hadas de Hans Christian Andersen

► Edad recomendada: a partir de 4-5 años

„Los cisnes salvajes» de Hans Christian Andersen de buena razón es uno de los cuentos más leídos del mundo. De forma atemporal enfoca temas del drama humano: miedo, valentía, amor, traición, separación y reencuentro.

¿Disponible en tus idiomas?

► Consulta nuestro „Asistente de idiomas" :

www.sefa-bilingual.com/languages

Mi sueño más bonito

▶ Edad recomendada: a partir de 2-3 años

Lulu no puede dormir. Todos sus peluches ya están durmiendo – el tiburón, el elefante, el ratoncito, el dragón, el canguro, y el pequeño leoncito. Al oso también se le cierran casi los ojos ...
Oye osito, ¿Me llevas contigo a tu sueño?
Así empieza para Lulu un viaje que la llevará a través de los sueños de sus peluches – y acabará en su sueño más bonito.

¿Disponible en tus idiomas?

▶ Consulta nuestro „Asistente de idiomas" :

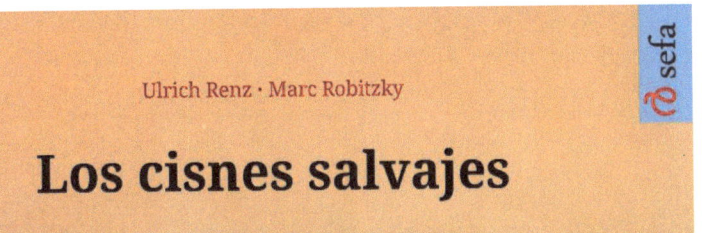

Ulrich Renz · Marc Robitzky

Los cisnes salvajes

sefa

Swahili Noun Class Table (I)

Bantu Noun Class	Person	Subject prefix	Subject prefix negative	Subject / Object Prefix		Possessive pronoun ("my", "your" ...)	"all"
1	1st sing.	mimi	ni	si	ni	-angu	—
1	2nd sing.	wewe	u	hu	ku	-ako	—
1	3rd sing.	yeye	a	ha	m	-ake	—
2	1st plur.	sisi	tu	hatu	tu	-etu	(sisi) sote
2	2nd plur.	nyinyi, ninyi	m	ham	wa / -eni*	-enu	(nyinyi) nyote
2	3rd plur.	wao	wa	hawa	wa	-ao	(wao) wote

* Because -wa is also the object prefix of the 3rd person plural, the suffix -eni is frequently appended for disambiguation

Swahili Noun Class Table (II)

Bantu Noun Class	Class Descriptor	Noun (Example)	Adjective (-zuri)	Adjective (-ema)	Subject / Object Prefix	Genitive preposition (-a)	Posses-sive -angu -ako -ake -etu -enu -ao	Relative morpheme	-pi? (Which?)	-ngapi? (How many?)
1	m-wa	m-toto	m-zuri	mw-ema	a-/yu-*	wa	wangu	-ye	yupi	/
2	m-wa	wa-toto	wa-zuri	w-ema	wa-	wa	wangu	-o	wepi**	wangapi
3	m-mi	m-ti	m-zuri	mw-ema	u-	wa	wangu	-o	upi	/
4	m-mi	mi-ti	mi-zuri	my-ema	i-	ya	yangu	-yo	ipi	mingapi
5	(ji)-ma	jina	zuri	jema	li-	la	langu	-lo	lipi	/
6	(ji)-ma	ma-jina	mazuri	mema	ya-	ya	yangu	-yo	yapi	mangapi
7	ki-vi	kitabu	kizuri	chema	ki-	cha	changu	-cho	kipi	/
8	ki-vi	vitabu	vizuri	vyema	vi-	vya	vyangu	-vyo	vipi***	vingapi
9	n	habari	nzuri	nyema	i-	ya	yangu	-yo	ipi	/
10	n	habari	nzuri	nyema	zi-	za	zangu	-zo	zipi	ngapi
11	u (concrete)	usiku	mzuri	mwema	u-	wa	wangu	-o	upi	/
14	u (abstract)	umoja	mzuri	mwema	u-	wa	wangu	-o	upi	/
15	ku	kusoma	kuzuri	kwema	ku-	kwa	kwangu	-ko	kupi	kungapi
16	pa	mezani	pazuri	pema	pa-	pa	pangu	-po	wapi****	pangapi
17	ku	mezani	kuzuri	kwema	ku-	kwa	kwangu	-ko	kupi	kungapi
18	mu	mezani	mzuri	mwema	m(u)-	mwa	mwangu	-mo	mpi	mngapi

*   e.g., yu- can be seen in the locatives (yupo, yuko, yumo) or demonstratives (huyu, yule). The negative form of yu- is formed regularly (ha-).

**   The irregular form *wepi* is used to avoid clashes with the word *wapi* meaning "where".

***   "vipi" is also used as an adverb meaning "how"

**** occasionally: papi

II)

-enyewe ("self")	-ote ("all")	-o-ote ("any")
enyewe	—	yeyote
yewe	wote	wowote
yewe	wote	wowote
yewe	yote	yoyote
ewe	lote	lolote
yewe	yote	yoyote
nyewe	chote	chochote
nyewe	vyote	vyovyote
yewe	yote	yoyote
yewe	zote	zozote
yewe	wote	wowote
yewe	wote	wowote
nyewe	k(w)ote	k(w)okote
yewe	pote	popote
nyewe	k(w)ote	k(w)okote
enyewe	m(w)ote	m(w)omote

Swahili - Order of morphemes ("infixes")

Example (all slots filled):
"nilipokupikia" - "when I cooked for you"

S	T	R	O	V	E
ni-	-li-	-po-	-ku-	-pik(a)*	-i(a)*
"I"	"in the past"	"when"	"you"	"cook"	"for"

1	**S**	**S**ubject prefix
2	**T**	**T**ense prefix
3	**R**	**R**elative prefix
4	**O**	**O**bject prefix
5	**V**	**V**erb stem
6	**E**	**E**xtension (inflectional suffixes -*i* and -*e*)

Example (not all slots filled):
"ninakupenda" - "I love you"

S	T	R	O	V	E
ni-	-na-	—	-ku-	-pend(a)*	—
"I"	"in the present"	—	"you"	"love"	—

* This "(a)" appears when this is the final element of the word and is otherwise dropped.

Special thanks for his IT support to our son, Paul Bödeker, Freiburg, Germany

ISBN: 9783739909172